みんなで知りたい

生物多様性

② 着るものを選ぼう

企画　電通ダイバーシティ・ラボ

はじめに

服と生物多様性

あなたが今、着ている服は、何でできていますか？

服についているタグには、綿やナイロンなどの材料が表示されています。綿、絹、ウール、麻などは、植物や動物からできる素材です。毛皮や皮など、動物からできたとわかりやすい素材もあります。藍染めなど、自然の植物の色で染めた服もあります。

いま、ファストファッション（流行を取り入れつつ短いサイクルで大量に作られ、低価格で売られる服）に代表される服の大量生産・大量消費の流れのなか、みなさんが毎日着る服の選び方も、環境や動植物のあり方、生物多様性に影響があるのです。

この本では、1枚のTシャツがどのように作られてあなたのもとに届くのか、何を基準にすれば生物多様性により負担のない選択ができるのか、一緒に考えていきましょう。

もくじ

3 服の大量生産・大量消費

服の大量生産(たいりょうせいさん)・
大量消費(たいりょうしょうひ)

1 循環型の暮らし

「もったいない」精神

食べものを粗末にしたり、まだ十分に使えるものを捨てたりすることは、「もったいない」とされます。

これは、仏教用語の「勿体（本来あるべき姿）」がない状態に由来する言葉で、日本文化の中で古くから使われてきました。本来のものの価値がなくされてしまうことを惜しむ意味が込められています。

例えば、ごはんを残してしまうと、ごはんの持つ栄養価値などが生かされず、無駄になってしまいます。まだ使える服をそのまま捨ててしまうのは、その服の価値をなくしてしまうことになります。

「もったいない」精神で、ものの価値を無駄にすることなく、循環型の暮らしをするためには、どうすればよいでしょうか？

1枚の布から作る服

日本の伝統服である着物は、実は1枚の布からできていると知っていますか？

仕立てる前の着物の生地を反物と言いますが、1着の着物を作るのには通常の場合1反（基本的なおおよその大きさは幅36cm、長さ12m）の布が必要です。縫い目が直線のため、仕立て直しも簡単で、1枚の布でずっと衣服をまかなうことができたのです。

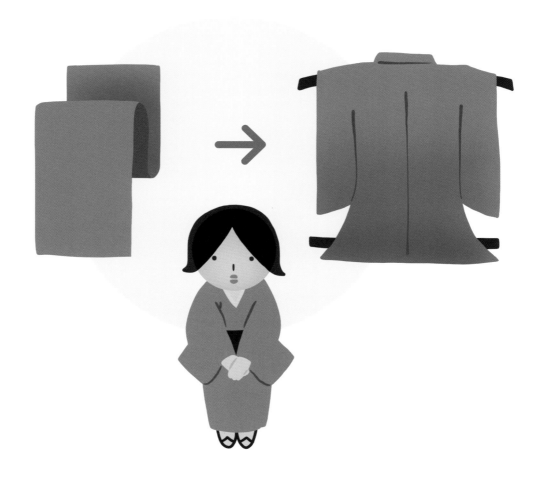

手編みの毛糸のセーターなども、ほどいて編み直せば、成長や好みの変化に合わせて長く着続けることができます。

着物もセーターも、着なくなった後は小物などへのリメイクもできます。また、古着を雑巾に再利用するなど、無駄なく使うこともできます。このように、衣類を取り巻く暮らしには、循環型の知恵がたくさんあります。

3Rをしよう：リデュース、リユース、リサイクル

3Rとは、Reduce（リデュース）、Reuse（リユース）、Recycle（リサイクル）の頭文字を取った3つの環境アクションの総称です。

3R	Reduce	ごみの発生や資源の消費自体を減らす
	Reuse	ごみにせず繰り返し使う
	Recycle	ごみにせず再資源化する

世界中でごみの環境問題が深刻になっています。3Rを進めることは、持続可能な未来のために大切です。

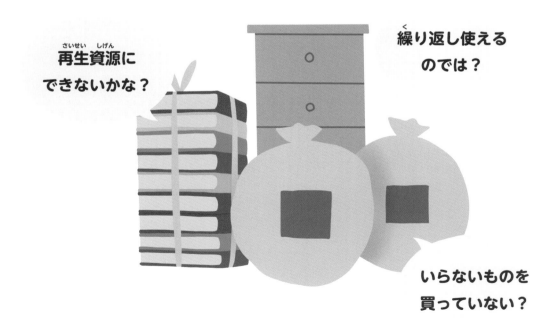

再生資源にできないかな？

繰り返し使えるのでは？

いらないものを買っていない？

考えてみよう

3Rのためにできること

学校生活の中でできる3Rはなんでしょう。今日からできることを考えてみましょう。

Reduce	学校でのごみの発生を減らす
Reuse	学校で繰り返し使えるものを探す
Recycle	学校で再資源化できるものを探す

衣服の 3R の現状

環境省は 2020 年 12 月〜 2021 年 3 月に、日本で消費される衣服と環境負荷に関する調査を実施しました。その調査によると、リサイクルやリユースに回される服は 34%に過ぎず、66%はごみとして処分・埋め立てされています。

衣服の３Ｒを進めることは、環境を考えるときにとても大切なことです。ごみとされた服の中には、３Ｒの可能性があるものもあったのではないでしょうか。

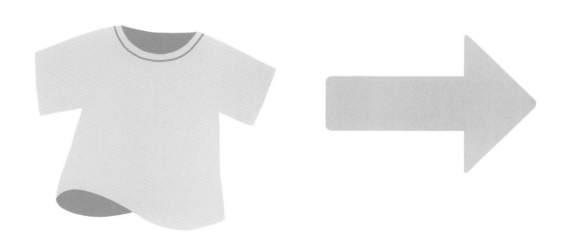

参照：環境省ホームページ

※各割合 (%) は家庭から手放した衣類の総量を分母とする。

※リサイクル率 14% にはウエス (機械手入れ用の雑巾) など繊維に戻らないものを含み、またサーマルリサイクル
　　（ごみを燃やしたときの熱を利用すること）については除く。

※リユース率 20% には海外輸出される衣服を含む。また古着の海外輸出は輸出先国の現地産業に影響を与える
　　懸念があるため、国内におけるさらなるリユースの推進が課題となっている。

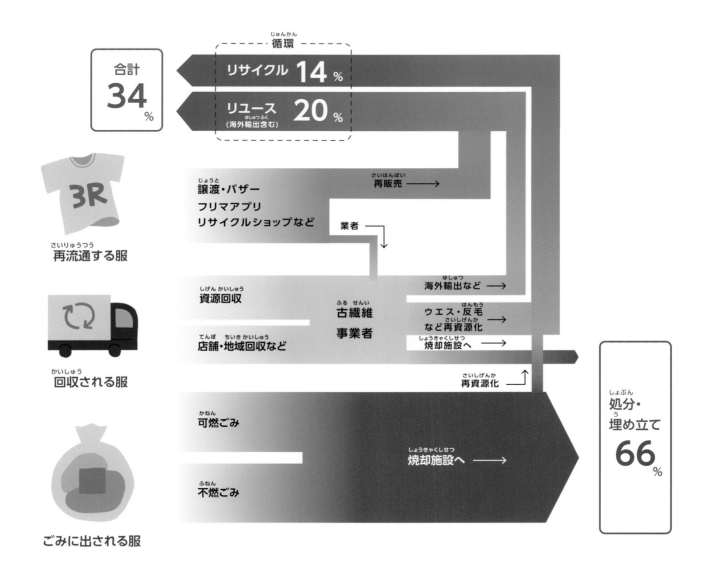

循環

| 合計 **34**% | リサイクル **14**% |
| | リユース **20**%（海外輸出含む） |

再流通する服（さいりゅうつう）

3R

譲渡・バザー（じょうと）
フリマアプリ
リサイクルショップなど

再販売（さいはんばい）→

業者

回収される服（かいしゅう）

資源回収（しげんかいしゅう）

店舗・地域回収など（てんぽ・ちいきかいしゅう）

古繊維（ふるせんい）
事業者

海外輸出など（ゆしゅつ）→
ウエス・反毛（はんもう）など再資源化（さいしげんか）→
焼却施設へ（しょうきゃくしせつ）→

再資源化（さいしげんか）↑

ごみに出される服

可燃ごみ（かねん）

不燃ごみ（ふねん）

焼却施設へ（しょうきゃくしせつ）→

処分・埋め立て（しょぶん・う）**66**%

2 倫理と環境

サステナブルファッションとは

衣服を生産・販売するファッション産業では、大量消費・大量廃棄のビジネスの仕組みが広がるなか、環境に与えるマイナスの影響が大きな課題となってきています。

SDGs のテーマでも多く呼びかけられているように、サステナブル（持続的）な取り組みが、ファッション産業からわたしたちの服の選び方にまで、求められています。

サステナブルファッションとは、衣服の生産から着用、廃棄までの過程において将来にわたり持続可能であることを目指し、生態系を含む地球環境や関わる人や社会に配慮した取り組みのことです。
出典：環境省ホームページ

衣服の作り方、選び方、処分の仕方など、それぞれの段階で、どうすれば持続的な取り組みになるでしょうか。

ファッション企業が共同で解決する仕組み

ジャパンサステナブルファッションアライアンス（JSFA）は、ひとつひとつの会社ごとの取り組みでは解決が難しいファッション産業の課題に対して、共同で解決策を見つけるための企業連携の仕組みです。

サステナブルなファッション産業のための 2 つの「2050 目標」があります。

> ・2050 年カーボンニュートラル *
> ・適量生産、適量購入、循環利用によるファッションロスゼロ

＊地球温暖化につながる二酸化炭素などの温室効果ガスの排出量と吸収量のバランスをとること。

出典：ジャパンサステナブルファッションアライアンス

サステナブルファッションの認証

あなたがよく着ている服が、サステナブルファッションかどうかを知るには、どうすればよいでしょうか。

企業のサステナブルファッションの取り組みを証明するために、さまざまな国際認証があります。それらの認証を、企業活動や商品の評価につなげる動きが進んでいます。

例えば、GOTS 認証（Global Organic Textile Standard：オーガニックテキスタイル世界基準）は、繊維製品を製造加工するための国際基準です。

オーガニックコットン（農薬や化学肥料を使用せずに作られた綿）、ウール、麻、絹などの原料を用いて水や土の汚染を防止し、畑や工場で働く人の健康と権利も守る、環境的、社会的に配慮した方法で製品をつくるための基準です。

出典：GLOBAL ORGANIC TEXTILE STANDARD

調べてみよう

国際認証

ファッションに関する国際認証は、製品の原材料の調達から販売までの全体が対象です。その服がどのような素材でどのように作られているのか、環境や人権への配慮についてはどうかなど、さまざまな視点で審査されます。

他にどのようなサステナブルファッションの国際認証があるか、調べてみましょう。

出典：環境省ホームページ

エシカル消費

エシカル消費（倫理的消費）とは、消費者それぞれが自分にとっての社会的課題の解決を考えたり、そうした課題に取り組む事業者を応援したりしながら消費活動を行うことです。

例えば、リサイクル素材などのエコ商品を選ぶ、地元で作られた食べものを食べるなど、暮らしの中で自分だけでなく社会のことを考えて買い物をすることです。

国連で採択された持続可能な開発目標（SDGs）の 12 番目の目標は、「つくる責任 つかう責任」です。持続可能な生産・消費形態を確保するため、それぞれの立場で責任を持つことが求められています。

出典：消費者庁ホームページ

考えてみよう

ひとりひとりにできること

服を選ぶ、買う、洗濯などのお手入れをする、着なくなった服を処分する。そんなとき、環境や持続的な暮らしのためにどんな工夫ができるでしょうか。

リデュース、リユース、リサイクルの3Rも参考に、あなたにできるサステナブルファッションを考えてみましょう。

環境への配慮：リサイクル、オーガニック（有機栽培）素材

アクリルやナイロン、ポリエステルのような化学繊維は、衣服への加工がしやすく乾きやすいなど扱いやすく、燃料となるオイルや原料となる合成ガスなどへのリサイクルも可能です。廃棄されるはずだったペットボトルやフィルムくずなどを原料にしたリサイクルポリエステルなどのリサイクル素材もあります。

一方、化学繊維は洗濯時に繊維くずなどのマイクロプラスチックが排水に紛れ込み、海の生態系への影響があると言われます。

コットン（綿）、シルク（絹）、ウール（羊毛）、レーヨン（セルロース:植物繊維）、麻、竹など、石油からできたものでない素材は、時間がたつといつかは自然の物質にもどり、循環するので、「環境にやさしい」と言えます。

一方、コットンの栽培には大量の水や農薬、殺虫剤が必要とされます。

オーガニックコットンは、綿花の栽培で一定期間農薬や殺虫剤を使用しない、労働環境にも配慮して子どもを労働させないなどの基準をクリアしたもので、サステナブル・コットンとも呼ばれます。

素材ごとの環境への配慮の取り組みを知り、
考えてみましょう。

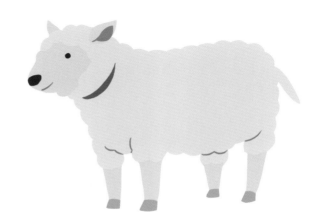

生きものに学ぶ：バイオミミクリー

バイオミミクリーとは、「生きものの真似」という意味です。例えば、ハスの葉の撥水（水をはじく仕組み）を真似て、衣類や家の外壁や屋根、洗面台などの撥水加工を行うことです。

ハスの葉の表面には小さな突起が無数にあって空気を抱え込んでいます。そのため、水が葉に付いても表面を転がり落ちるのです。ハスは英語でロータス（lotus）と言い、ハスの撥水の構造に似せることを「ロータス加工」と言います。

傘やレインコートなど、身近な衣服にも活用されています。

わたしたちの暮らしの中には、他にもさまざまなバイオミミクリー製品があります。

衣類のバイオミミクリーには、表面がザラザラなサメの肌を真似て水の抵抗を減らした高速水着や、草むらを歩くと服にくっつくオモナミの実を真似て何度も貼ったりはがしたりできるようにした面ファスナー（日本ではクラレの商品名「マジックテープ」が有名）などがあります。

植物や昆虫、動物の多くには、人間の歴史よりも長く生きてきた歴史があります。バイオミミクリーは、生きものに学んだ循環型の暮らしの知恵のひとつと言えるでしょう。

3 服の大量生産・大量消費

ファッションのマテリアルフロー

ファッション製品が市場に入って利用されたあと、廃棄されたり再利用されたりするまでの、人間活動に伴うものの動き、流れのことを、ファッションのマテリアルフローと言います。

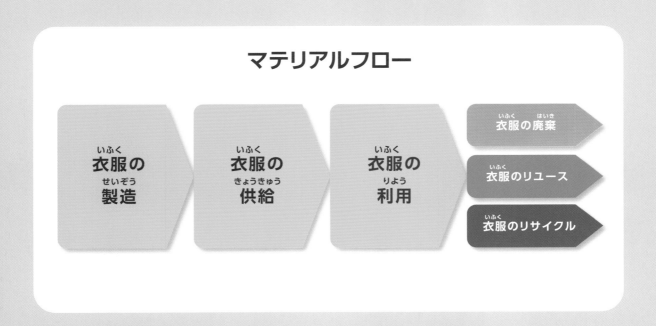

マテリアルフロー

衣服の製造　衣服の供給　衣服の利用

衣服の廃棄
衣服のリユース
衣服のリサイクル

服が製造・販売・使用され、また、廃棄・リユース・リサイクルされる流れのなかで、環境や生態系にどのような影響があるでしょうか。

ファッション産業は、生物多様性を失うことに大きく関係していて、土壌の劣化、自然生態系の転換、水路の汚染に直接関係していると指摘されています。例えば、化学繊維で作られた服を洗濯することによって、大量のマイクロプラスチックが最終的に海に流れ込むと言われています。

近年のファッション業界では、衣類の再利用や補修、長く着られる服作りなどの取り組みも進んでいます。

参照：環境省「令和2年度ファッションと環境に関する調査業務 調査結果概要」

マテリアルフローの課題

衣服が作られ、売られ、それを人びとが着て、洗濯を繰り返し、そしてさまざまな形で手放すとき、環境や生態系には、具体的にどのような影響があるのでしょうか。

環境省の調査によると、1年間で以下のような影響があるとされています。

- **二酸化炭素排出**
日本で供給される衣類から排出される二酸化炭素：9500万t（推計）
（うち原材料調達から輸送までが全体の94.6%）
服1着を生産するにあたり排出される二酸化炭素は、25.5kg（推計）

- **水消費**
日本で供給される衣類の生産に必要な水の量：83.8億 m^3（推計）
（うち原材料調達に全体の91.6%）
服1着を生産するのに必要な水の量は、2368L（推計）

- **水質汚染**
最大80%の排水が適切に処理されずに環境に影響を与えている

- **生物多様性**
植物からつくられる素材（レーヨン、ビスコース、モダールなど）でも、森林への影響があるとの指摘がある

出典：環境省「令和2年度ファッションと環境に関する調査業務 調査結果概要」

服1着を作るのに
必要な水

服1着を作るのに出る
二酸化炭素

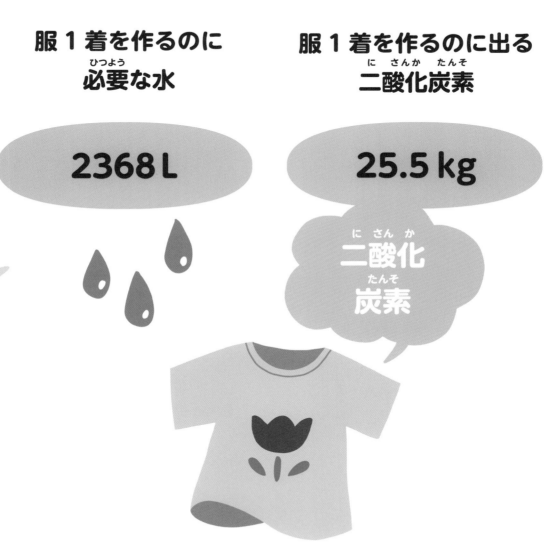

2368 L

25.5 kg

二酸化
炭素

マテリアルフローのうち、おもに衣服の生産、供給をするファッションブランドは、環境や生態系への悪影響を減らすため、さまざまな取り組みをしています。

適量生産・適量購入・循環利用をキーワードに、廃棄を減らし、循環型のマテリアルフローを目指している企業もあります。長く着られるための工夫、修理した服の販売、リユースの促進、洗濯時にマイクロプラスチックの排出を減らす取り組みなどです。石油を原料としていない素材など、環境に配慮した原材料の栽培や調達の取り組みもあります。

あなたがいつも着ている服のブランドは、環境や生態系のため、どんな取り組みをしているでしょうか。多くの企業では、ホームページなどで情報を公開していますので、気になったブランドについて調べてみましょう。

参照：環境省「令和2年度ファッションと環境に関する調査業務 調査結果概要」

ブランドのサステナブル活動

ファッションブランドのユナイテッドアローズは、自分たちの企業のサステナブル活動をSARROWS（サローズ）と名付けました。

循環するファッションを追い求める「サーキュラリティ」、永遠に美しい地球を目指す「カーボンニュートラル」、そしてそれらの活動を健やかに支える「ヒューマニティ」の3つをテーマに、各目標に対して明確な数値を設けています。

サーキュラリティのテーマでは、2030年までに環境配慮製品の割合を50%にする目標があります。具体的には、紙袋の利用を減らす取り組みや、衣料品の回収・再利用を行うプロジェクトが進んでいます。

2023年8月7日付

Circularity
循環するファッション

2022 0.3%	2022 16.2%
2030 TARGET 0.0%	2030 TARGET 50.0%
繊維製品の廃棄率	環境配慮商品の割合

参照：株式会社ユナイテッドアローズ
電通ダイバーシティ・ラボ cococolor より再構成

29

サーキュラーエコノミー

サーキュラーエコノミー（循環経済）とは、３R（リデュース、リユース、リサイクル）などで廃棄物を減らし、環境への負担を減らすことと経済の成長の両立を目指すものです。

ファッション産業やプラスチック製品などで、**大量生産・大量消費・大量廃棄**の一方通行型から、適量生産・適量購入・循環利用の循環型への取り組みが始まっています。

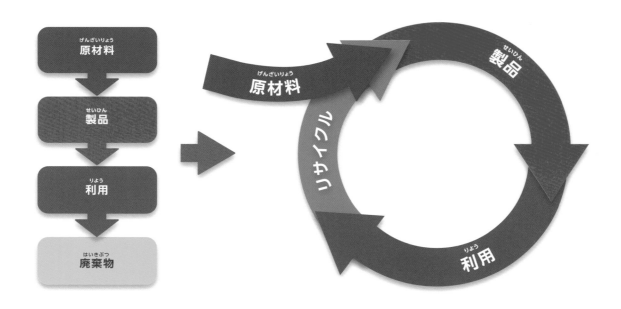

出典：環境省「令和３年版　環境・循環型社会・生物多様性白書」

図はオランダ政府「A Circular Economy in the Netherlands by 2050-Government-wide Program for a Circular Economy」（2016）より著者作成

アップサイクル

アップサイクルとは、本来ならば捨てられてしまうものに新たに手を加えて付加価値を与え、新しい製品に生まれ変わらせることです。

単なる作り直しではなく、アップグレード（より良く）されていることがポイントです。また、リサイクルと違って、原料に戻すことはありません。

アップサイクルの例には、服を作るときに出てしまう「裁断くず」を活用した繊維製品、紙製品、プラスチック製品などがあります。

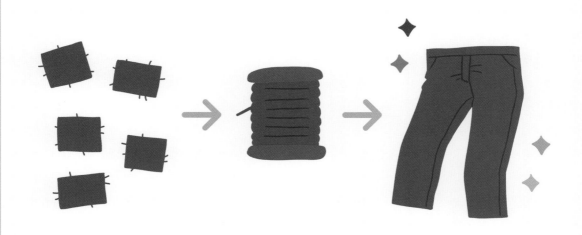

出典：環境省ホームページ

ファッション産業の課題：気候変動

1巻でも取り上げた通り、**気候変動は生物多様性と密接な関係にある課題です。**衣服の原料を作るときには多くの水が必要ですし、運搬や廃棄をするときに出される二酸化炭素も問題です。農薬や洗濯排水による海洋、土壌汚染もあります。

日本国内に供給される衣服を作るのに必要な水の量は年間で約83億m³で、そのうち約9割は綿の栽培によるものです。もしそのすべての綿をオーガニックコトンにできれば、年間約67億m³もの水消費を減らすことができます。

森林、土壌、水、大気、生物資源などの自然資本の持続可能な利用や消費について、知り、考えることが大切です。

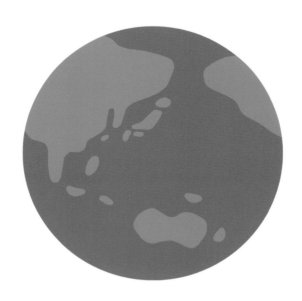

出典：環境省ホームページ

考えてみよう

気候変動に具体的な対策を
きこうへんどう てき たいさく

SDGs の13 番目の目標は、「気候変動に具体的な対策を」です。
もくひょう きこうへんどう てき たいさく

原材料の栽培から店頭での販売まで、衣類には大量の水やエネルギーが必要です。
げんざいりょう さいばい はんばい いるい たいりょう ひつよう
また、あらゆる過程での二酸化炭素の排出や環境汚染などがあります。
かてい にさんかたんそ はいしゅつ かんきょうおせん

今日からあなたにできることは何でしょうか。小さなことでも、具体的に考えてみま
てき
しょう。

ファッション産業の課題：労働環境

SDGs の 8 番目の目標は、「働きがいも経済成長も」 です。 2025 年までにあらゆる形の児童労働をなくすという達成目標が含まれます。 児童労働とは、義務教育を妨げる労働や法律で禁止されている危険な労働のことです。

ILO（国際労働機関）とユニセフ（国連児童基金）が 2021 年に発表した報告書では、2020 年の世界の児童労働者数は、1 億 6000 万人とされました。 これは世界の5〜17歳の子どもの 10 人に 1 人の割合です。

世界の児童労働の 7 割を農林水産業が占めています。 綿の生産地のインドでは 2020 年に 35 万人以上の児童労働者がいました。 世界的にファッションの低価格・低コストを求める流れのしわ寄せが、児童労働などの生産者の労働環境悪化につながっているとの指摘があります。

出典：繊研新聞

子どもの10人に1人が
児童労働者

調べてみよう

ファッション産業の労働環境

2013 年、バングラデシュの商業ビル「ラナプラザビル」が倒壊し、1000 人以上の死者を出しました。被害者の多くは、安価な衣服を作るビル内の繊維・縫製工場で働く従業員でした。

この事故によって、ファッション産業の安価な大量生産の背景には、工場の安全管理や低賃金や長時間労働、児童労働などの問題があることがわかりました。毎日着ている服が「どこで、どのように」作られているかに関心を持つ人が増えたのです。

あなたの着ている服は、どこで、だれが、どのような環境で作ったものか、調べてみましょう。

循環型の暮らしってなんだろう

サステナブルファッションってなんだろう

服の大量生産・大量消費の課題はなんだろう

この本では、おもに3つの点について、一緒に考えてきました。

1 服と生物多様性について考えるときに、循環型の暮らしというキーワードがあります。3R（リデュース、リユース、リサイクル）の取り組みの中でも服の3Rは特に大きな課題です。

2 サステナブルファッションとは、衣服の作り方、選び方、処分の仕方において、生態系を含む地球環境や関わる人・社会に配慮した持続的な取り組みのことです。企業の連携や、国際的な認証制度などが進められ、「つくる責任 つかう責任」が問われています。

3 ファッション産業は、生物多様性を失うことに大きく関係していると言われています。服の大量生産・大量消費は、マテリアルフローの各段階で、さまざまな課題があります。

あなたが着る服の選び方も、生物多様性を守ることにつながります。服と生物多様性の関係を知り、例えば今まで捨てていた服を次からリサイクルに出してみるなど、今日からできることを考えてみましょう。

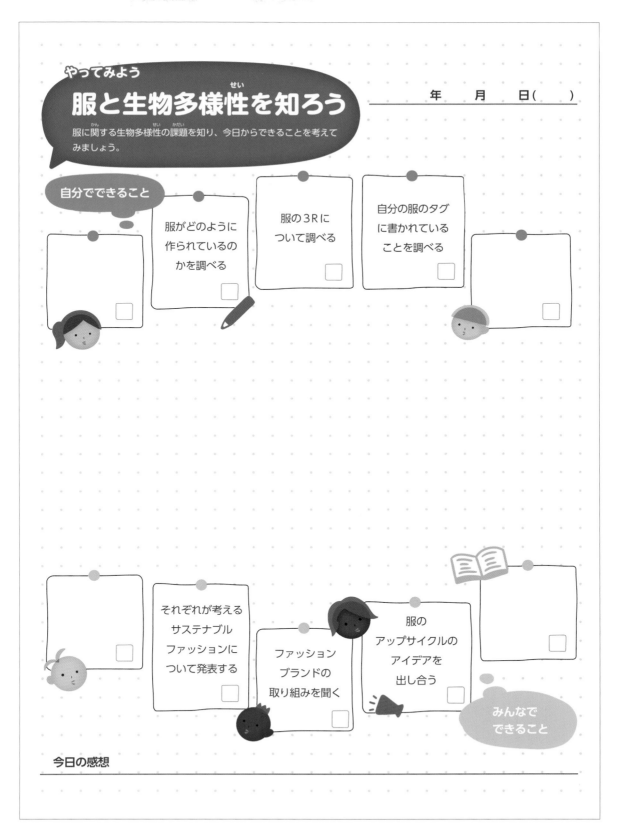

やってみよう
服と生物多様性を知ろう

年　　月　　日（　　）

服に関する生物多様性の課題を知り、今日からできることを考えてみましょう。

自分でできること

服がどのように
作られているの
かを調べる

服の3Rに
ついて調べる

自分の服のタグ
に書かれている
ことを調べる

それぞれが考える
サステナブル
ファッションに
ついて発表する

ファッション
ブランドの
取り組みを聞く

服の
アップサイクルの
アイデアを
出し合う

みんなで
できること

今日の感想

 やってみよう のワークシートが
ダウンロードできるよ！

さくいん

参考文献・データ

・環境省「SUSTAINABLE FASHION」https://www.env.go.jp/policy/sustainable_fashion/

「令和2年度ファッションと環境に関する調査業務 調査結果概要」 https://www.env.go.jp/policy/pdf/st_fashion_and_environment_r2gaiyo.pdf

「令和3年版 環境・循環型社会・生物多様性白書」 https://www.env.go.jp/policy/hakusyo/r03/html/hj21010202.html

・ジャパンサステナブルファッションアライアンス (JSFA) https://jsfa.info/

・GLOBAL ORGANIC TEXTILE STANDARD https://global-standard.org/

・消費者庁「エシカル消費とは」https://www.caa.go.jp/policies/policy/consumer_education/public_awareness/ethical/about/

・株式会社ユナイテッドアローズ https://www.united-arrows.co.jp/

・電通ダイバーシティ・ラボ cococolor https://cococolor.jp/unitedarrows_230704

・オランダ政府（2016）「From a linear to a circular economy」

　https://www.government.nl/topics/circular-economy/from-a-linear-to-a-circular-economy

・繊研新聞本誌 2023年7月27日付

企画　電通ダイバーシティ・ラボ

　　　増山晶、半澤絵里奈、岸本かほり

株式会社電通でダイバーシティ&インクルージョン領域の調査・分析、ソリューション開発を専門とする組織。2012 年、2015 年、2018 年、2020 年、2023 年と「LGBT 調査（2020 年より LGBTQ+ 調査に改称）」を実施中。共著に『みんなで知りたい LGBTQ+』全 5 巻（2022）文研出版、『みんなで知りたいダイバーシティ』全 5 巻（2023）文研出版、『図解ポケット ビジネスパーソンが知っておきたい LGBTQ+ の基礎知識』（2022）秀和システムなどがある。

協力　電通 Team SDGs

　　　田中理絵

株式会社電通でステークホルダーの SDGs への取り組みをサポートするプロジェクトチーム。

デザイン・イラスト　STUDIO HOLIDAY

　　　堀内弘誓、安藤きり、今村昼寝、阪沙樹

写真提供　GLOBAL ORGANIC TEXTILE STANDARD

　　　（表紙、本文）

みんなで知りたい生物多様性
❷ 着るものを選ぼう

2024 年 6 月 30 日　第 1 刷発行

企画　電通ダイバーシティ・ラボ
協力　電通 Team SDGs
発行者　佐藤諭史
発行所　文研出版
　　〒113-0023　東京都文京区向丘 2 丁目 3 番 10 号
　　〒543-0052　大阪市天王寺区大道 4 丁目 3 番 25 号
　　代表（06）6779-1531　児童書お問い合わせ（03）3814-5187
　　https://www.shinko-keirin.co.jp/
印刷所 / 製本所　株式会社太洋社

みんなで知りたい
生物多様性　全5巻
❶ 生物多様性を知ろう
❷ 着るものを選ぼう
❸ 食べものを知ろう
❹ 住むところを考えよう
❺ 生物多様性と未来

ISBN978-4-580-88772-5

この本は、だれもが読みやすくするために、本文で UD フォントを使用しています。UD フォントはユニバーサルデザインの視点でつくられています。

ISBN978-4-580-82629-8
C8336 / NDC336　40P　26.4cm × 21.7cm